Willkommen im Wiesengrundwald!

Hier lebt die Familie Fuchs – Mama Ilse, Papa Johann, die neugierigen Kinder Frieda und Toni, und natürlich Oma Lini und Opa Sigi, die voller Geschichten und Kräuterwissen stecken.

Ob rote Nasen im Jänner, Bauchweh im Mai oder ein geheimnisvoller Kräuterdieb im September – in jedem Monat wartet ein kleines Abenteuer auf die Kräuterfüchse. Mit viel Herz, Humor und altem Heilwissen zeigt Oma Lini, wie uns Pflanzen aus Wald und Wiese helfen können – beim Gesundwerden, Wohlfühlen und Staunen.

© 2025 Leonie Joy Kettner
Verlag: BoD · Books on Demand GmbH, Überseering 33,
22297 Hamburg, bod@bod.de
Druck: Libri Plureos GmbH, Friedensallee 273, 22763 Hamburg

Frostnase & Fichtennadel

Frieda kam vom Spielen zurück – mit einer roten Nase.
"Mir ist sooo kalt!", zitterte sie.
Oma Lini kochte einen Fichtennadeltee. "Der wärmt dich
von innen. Und hilft gegen Husten, wenn du einen kriegst."

Toni steckte die Nase in den Becher. "Riecht wie der Winterwald!"
Dazu gab's ein warmes Fußbad mit Rosmarin – und ein paar Tropfen
Thymianöl auf ein Tuch. "Damit die Kälte draußen bleibt!", sagte Oma.

Fichtennadeln
Thymian
Rosmarin

Schneeflöckchen und Schnupfennase

Toni nieste. Und nochmal. Und nochmal. „Ich hab Schnupfen…", nuschelte er.
Oma Lini holte einen Löffel selbstgemachten Zwiebel-Hustensaft.
„Schmeckt komisch… aber hilft!"
Dazu ein Tee aus Eibischwurzel, Salbei und einem Löffel Honig.
„Damit dein Hals nicht mehr kratzt."

Eibischwurzel
Salbei
Zwiebel

Klopf, klopf, Bärlauch!

„Was riecht hier nach Knoblauch?" schnupperte Frieda.
Opa Sigi lachte. „Das ist der erste Frühlingsbote – Bärlauch!"

Gemeinsam gingen sie sammeln. Dazu wuchsen Veilchen am Waldboden.
„Die helfen bei Husten", erklärte Oma.
Und Löwenzahnblätter kamen in den Salat.
„So schmeckt der Frühling", meinte Papa Johann.

Bärlauch
Veilchen
Löwenzahn

Das Gänseblümchenfest

Frieda veranstaltete ein Fest für die ersten Frühlingsblumen.
Gänseblümchen als Ketten, Huflattich im Tee und Brennnessel als Suppe.
Oma Lini zeigte, wie man aus den Kräutern „Kraftsuppe" macht.
„Im Frühling brauchen Füchse Energie!"

Brennnessel

Gänseblümchen

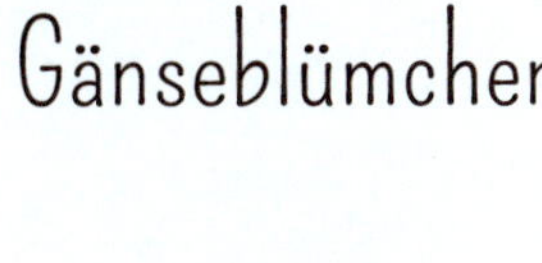

Huflattich

Frieda hat Bauchweh

Frieda Fuchs lag zusammengerollt im Moos. "Auuuuu", jammerte sie,
„mein Bauch tut weh!"
Mama Ilse kam gleich angerannt. „Oje, hast du zu viele Himbeeren
genascht?" Frieda nickte traurig.

Oma Lini öffnete ihr Kräuterkörbchen:
Kamille, Pfefferminze und Schafgarbe
kamen hinein. Ein Tee wurde gekocht,
Frieda trank – und bald ging's ihr besser.
„Die Wiese kann mehr als nur gut
duften!", kicherte sie.

Schafgarbe
Pfefferminz
Kamille

Toni und der Juckebauch

Toni rannte durchs Gras – und plötzlich: Juck! „Mein Bauch brennt!" rief er.
Oma Lini kam mit einem Spitzwegerich-Blatt. „Das hilft bei Juckepicksern!"
Sie rieb es sanft über Tonis Bauch.
Dazu pflückten sie Gänseblümchen, und Oma holte Ringelblumensalbe aus
ihrem Korb. Am Abend war alles wieder gut – und Toni war schlauer.

Spitzwegerich

Gänseblümchen

Ringelblume

Opa Sigi erzählt vom Lindenbaum

Es war heiß. Die Fuchskinder lagen im Schatten eines riesigen Lindenbaums.

Opa Sigi räusperte sich: „Wisst ihr, die Linde ist ein Freund der Menschen. Ihre Blüten helfen bei Husten und Fieber."

„Echt?", staunte Frieda.

„Und aus dem Holunder macht man leckeren Sirup – auch der hilft bei Erkältung."

Zum Einschlafen gab's noch Melissentee, den Oma aus der Küche brachte. „Für süße Träume", flüsterte sie.

Linde
Melisse
Holunder

Ein Picknick mit Ameisen

Die Familie Fuchs machte ein Picknick. „Autsch!", rief Frieda, „da hat mich was gestochen!"
„Das war wohl eine Ameise", lachte Papa Johann. Opa Sigi zeigte ihr ein Brennnesselblatt: „Die brennt auch – aber ist ein starkes Heilkraut!"
Dazu wuchsen Gundelrebe und Sauerampfer auf der Wiese.
„Schmeckt wie Zitronenlimo!", quietschte Toni.
Am Ende saßen alle im Schatten und mampften Kräuterbrot.

Sauerampfer
Gundelrebe
Brennnessel

Der Kräuterdieb im Garten

Oma Linis Garten war durcheinander! „Wer hat denn meine Thymianzweige gestohlen?"

Frieda und Toni schlichen durch die Büsche – bis sie Dachs Bertl erwischten.

„Ich hatte Schnupfen", schnaufte er. „Ich wollt mir einen Salbeitee kochen!"

Oma Lini lachte. „Du hättest nur fragen müssen."

Sie zeigte Bertl auch den Majoran, gut bei Husten.

Bertl bekam ein Kräuterpäckchen – und versprach, künftig zu klopfen.

Majoran

Thymian

Salbei

Oma Linis Gute-Nacht-Kräuterkissen

Es war nebelig und kalt. „Ich kann nicht einschlafen", flüsterte Toni.
Oma Lini kramte ein kleines Säckchen hervor. "Hier ist dein Gute-Nacht-
Kissen. Gefüllt mit Lavendel, Baldrian und Hopfen." Sie legte es neben
seinen Kopf. Ein leiser Duft breitete sich aus – Toni schloss die Augen.
Auch Frieda bekam eines –
und bald hörte man nur noch
Fuchsschnarchen im Bau.

Lavendel
Hopfen
Baldrian

Ein Kratzer und ein Zauberkraut

Toni hatte sich beim Klettern den Fuß aufgeschrammt.
„Nicht schlimm", meinte Oma Lini, „dafür hab ich mein Zauberkraut."
Sie legte Beinwell auf die Stelle und band es mit einem Tuch fest.
Dazu mischte sie eine Ringelblumensalbe und bestreute alles mit
Spitzwegerichsamen.
„Zaubern?", fragte Frieda. „Fast.
Aber mit Kräften aus der Natur."

Ringelblume
Beinwell
Spitzwegerich

Kräuterduft und Winterzauber

Im Bau roch es nach Zimt, Gewürznelken und Tannenharz. „Wir machen Kräuterkekse!", rief Frieda.

Mama Ilse füllte kleine Säckchen mit Weihrauchkraut, Lavendel und Orangenstücken.

„Für friedliche Träume zur längsten Nacht."

Am Abend zündeten sie eine Kräuterkerze an und kuschelten sich zusammen.

Zimt

Tanne

Lavendel & Orange

Rosmarin
Gänseblümchen
Löwenzahn
Schafgarbe
Ringelblume
Huflattich
Hopfen

Schneide die Kräuter aus, finde ihren richtigen Platz auf der Vorderseite und klebe sie dort ein.

Brennnessel Tee

Du brauchst:

1 TL getrocknete oder 2 TL frische Brennnesselblätter

Heißes Wasser

So geht's:

Gib die Brennnessel in eine Tasse.

Gieße kochendes Wasser darüber.

Lass den Tee 7–10 Minuten ziehen.

Gieße ihn durch ein Sieb in eine andere Tasse.

Tipp: Brennnessel-Tee macht, dass du öfter aufs Klo musst.

Trinke deshalb nach jeder Tasse Tee drei Tassen Wasser!

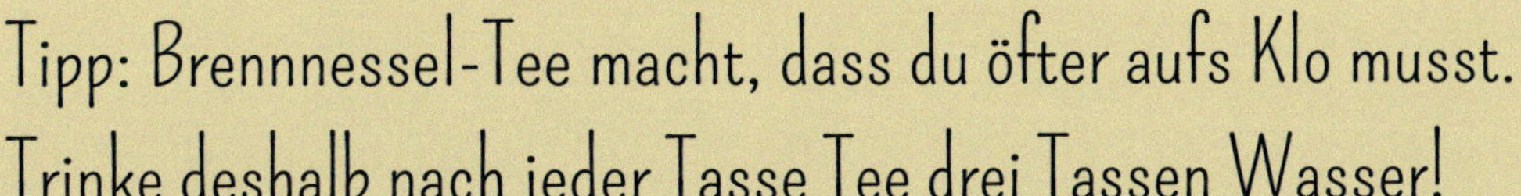

Gänseblümchen Sirup

Du brauchst:

1 Liter Wasser

Mindestens 50 g Gänseblümchen

1 kg Zucker

1 Bio-Zitrone

1 EL Zitronensäure

So geht's:

Wasche die Zitrone heiß ab und schneide sie in Scheiben.

Gib Gänseblümchen, Zitronenscheiben, Wasser und Zitronensäure in einen großen Topf.

Rühre gut um und lass alles über Nacht stehen.

Am nächsten Tag: Gieße alles durch ein feines Sieb oder Tuch ab. Drücke gut aus.

Gib den Zucker dazu, koche alles auf und rühre um.

Fülle den Sirup heiß in saubere Flaschen.

Bärlauchsalz

Du brauchst:

Eine Handvoll frische Bärlauchblätter (ca. 25 g)

50 g grobes Salz (z. B. Meersalz oder Steinsalz)

Optional: etwas Schale von einer Bio-Zitrone

So geht's:

Schneide die Bärlauchblätter klein.

Gib die Blätter und das Salz in einen Mörser oder in eine Küchenmaschine.

Zerdrücke oder mixe alles gut.

Optional: Reibe etwas Zitronenschale dazu.

Verteile die grüne Masse auf einem Backblech.

Lass sie einen Tag an der Luft trocknen – oder für ca. 1 Stunde im Ofen bei 50 °C Umluft.

Zerdrücke das getrocknete Salz nochmal fein und fülle es in ein kleines Glas.

Salbeihonig

Du brauchst:

Frische Salbeiblätter

250 g Honig

Saft einer halben Zitrone

Ein sauberes Schraubglas (ca. 250 g)

So geht's:

Schneide den Salbei klein.

Fülle das Glas zur Hälfte damit.

Gib den Zitronensaft und den Honig dazu.

Rühre alles gut um.

Lass den Honig 2–4 Wochen stehen.

Danach kannst du die Blätter abseihen – oder einfach drinlassen, wenn sie dich nicht stören.

Ringelblumensalbe

Du brauchst:

Frische Ringelblumenblüten

100 g Olivenöl (kaltgepresst)

10–15 g Bienenwachs

Optional: Lavendelöl, Vitamin E

So geht's:

Ernte die Blüten und lege sie auf ein Tuch zum Antrocknen.

Zupfe die grünen Teile ab, nimm nur die Blütenblätter.

Zerkleinere die Blüten und gib sie in ein sauberes Glas.

Gieße das Öl darüber.

Stelle das Glas für mindestens 30 Minuten ins Wasserbad – oder länger auf

ein Teelicht-Stövchen.

Gieße das Öl durch ein Sieb.

Gib 10–15 g Bienenwachs dazu, schmelze es im warmen Öl.

Optional: Gib Lavendelöl (bis 20 Tropfen) und etwas Vitamin E dazu.

Fülle die Salbe in saubere Döschen und lasse sie ganz abkühlen, bevor du sie

zuschraubst.

Rosmarinöl

Du brauchst:

Eine Handvoll frischen Rosmarin

Gutes Öl (z. B. Olivenöl)

Ein Glas oder eine Flasche mit weiter Öffnung

Optional: eine Knoblauchzehe

So geht's:

Lass den Rosmarin ein paar Stunden trocknen.

Schneide ihn klein und gib ihn in das Glas (halb voll bei frischem Kraut, ein Drittel bei getrocknetem).

Optional: Gib eine halbierte Knoblauchzehe dazu.

Gieße das Öl bis ganz nach oben.

Stelle das Glas für 2–4 Wochen an einen dunklen Ort.

Schüttle es zwischendurch mal.

Nach der Ziehzeit: Abseihen und in eine saubere Flasche füllen.

Halsweh Tee

Du brauchst:

4 Teile Eibischwurzel

2 Teile Spitzwegerich

1 Teil Malvenblüten

So geht's:

Mische die Kräuter gut durch.

Nimm 4 TL davon und übergieße sie mit einem halben Liter kaltem Wasser.

Lass den Tee 4 Stunden stehen.

Danach abseihen und leicht erwärmen (nicht kochen!).